把人生當作一場野餐吧

山﨑拓巳——圖·文

周若珍——譯

人生中發生的全是好事。
對「什麼」來說是好事？
對「你所希望的未來」來說，
全是好事！

我想在平靜的時光中勾勒出未來的藍圖。
在這個充滿創造力的幻想世界裡，
享受可以 100％忘我的奢侈時光。

將每一天都當成藝術品般創作，
多累積會對自己的人格產生影響的經驗。
身體所感受的時間就是指標。

不用「某個標準」來衡量自己的人最棒了。
「覺得自己很棒」和「希望別人覺得自己很棒」
是不同的。

不去奪取別人的能量，自己的能量也不被人剝奪，
才是「對得起自己」的生活態度。

維持心情平靜。
在心亂的時候才更應該保持平常心。
當心安處於自己之中，
平常心就會出現。

為發生的事賦予意義的是你自己。

1 CHAPTER

要不要試著
施展魔法？

Let's make magic

1 要不要試著施展魔法？

「我想實現夢想」

「我想變得更好」

「我想實踐一些事情」

「我想要更自由」

「我想發現新的自我」

「我想滿足好奇心」

「我想要心靈富足」

「我想要平靜」

「我想變得更圓滑」

「我想變有錢」

「我想變得亮眼」

「我想變得更引人注目」⋯⋯抱有這些想法的人，集合！

我遇見了許多已經實現上述心願的人，

這些人們帶給我各種美好的啟發。

而我發現他們身上有一個共通點。

他們都擁有「魔法」的力量。

每次遇見「魔法」，我都會試著與他們攀談。
只要他們一開口，我就能得到更多啟發。

一回神，原來我也學會了「魔法」。

「你為什麼來到這個星球？」
讓我們想起自己誕生在世上的目的吧！

每天只要開心過活就好！
人生是一場美妙的野餐。

我要透過文字，送給各位49種魔法。

**你來到這個星球，
是為了每天開心過生活。**

每一天都施展魔法吧！

2
CHAPTER

你看見了什麼？

The scene you choose

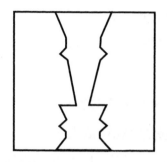

② 你看見了什麼？

圖中有兩種圖樣。

如果你認為那是「兩張臉」，你就會看見兩張臉；

如果你認為那是「花瓶」，你就會看見花瓶。

你會依照心中繪出的景物來選擇。

現實生活也一樣。人類會從數量宛如天文數字的景物當中，選出自己意識到的東西。

當你懷孕了，你會赫然發現路上都是孕婦。

如果你有想買的車子，你會發現滿街都是。

帶GUCCI的包包出門，路上就會一直看見GUCCI。

看了電視上的橄欖球節目，隔天就會碰到學生時代曾是橄欖球社的人。

總是在路上聽見喜歡歌手的歌。

用MAC的人會遇見用MAC的人。

不經意地打開電視，竟發現心中想的那個人就在電視上。

你的人生其實一直依照你內心所意識的在進行。

一切都由你選擇！

**人生是一連串的選擇，
你所意識到的都會出現。**

一切唯心所造，寫下你最近心裡在想些什麼？

3 CHAPTER

開心過活吧！

Enjoy your life

③ 開心過活吧！

發生好事的時候，會有「愉快的心情」。

遇到壞事的時候，會有「難過的心情」。

你的心會隨著外在發生的事而有所反應。

湊巧意識到「臉」，就會看見「臉」；

正好意識到「花瓶」，就會看見「花瓶」。

其實並不是遇到壞事，而是你意識到那件事，

所以才看見它，如此而已。

之所以會有「難過的心情」，可能是因為你一直在尋找能

讓自己有「難過的心情」的契機。

不論「好事」或「壞事」，都是你自己選擇的。

你看見的是心底意識到的東西。

所以該如何讓好事發生呢？

請一直保持「愉快的心情」。

這麼一來，能令你高興的事便會接連而來。

不要枯等「愉快的心情」到來，請隨時保持高昂的心情！

發生好事的時候，你會有什麼樣的心情？

你的心中會湧現什麼？

眼前吹拂的風是什麼顏色？

眼前灑落的光是什麼顏色？

你的心有著什麼樣的節奏？

若將「快樂」具體化，它會呈現什麼形狀？

最帥氣的你是什麼模樣？

讓我們引領著「愉快的心情」生活。

隨時保持高昂的心情！

心隨境轉，寫下好事發生時，你的心情是如何變化的？

_____

_____

_____

_____

_____

_____

_____

_____

_____

_____

_____

_____

4 CHAPTER

你是誰？

Who are you?

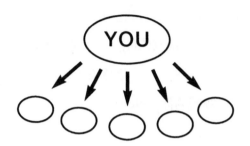

④ 你是誰？

在學會魔法之前，你必須先探索「你到底是誰？」

把「你」這個人做質因數分解。

例如，若將「210」這個數字做質因數分解……

210＝2×3×5×7

你在不知不覺中扮演著各種不同的角色。

倘若把「你」質因數分解……

你＝「工作時的你」×「家庭中的你」

×「身為男朋友／女朋友的你」（或身為丈夫／妻子的你）

×「身為父／母的你」×「身為孩子的你」

×「身為獨立個體的你」etc……

你是誰？現在可以漸漸釐清了吧。

請整理一下你所扮演的各種角色。

在每一個角色裡，你演出的是什麼樣的自己呢？

請試著掌握在每個角色的世界裡「發生了什麼」！

請打造出每個角色的「未來願景」！

你想讓現在演出的這場戲怎麼延續到未來？

祕訣就在於別為想像力設限。

人擁有實現腦中各種想像的力量。

隨時釐清思緒。

你有多久沒有意識到自己扮演的身分與角色了？
寫下你的角色清單，時時檢視。

5 CHAPTER

在紙上
寫下夢想！

Write down your dream on paper

⑤ 在紙上寫下夢想！

試著把令你感到興奮的未來願景寫在紙上吧！

列出一張「夢想清單」。

寫出不同角色的未來願景，也非常有趣。

當你感到猶豫，就動筆。

即使發生令你詫異的事也無妨。

抱著雀躍的心情寫，效果更好。

一旦開始意識，夢想就會自動靠近你。

從小東西到大東西，

從具體的東西到抽象的東西，

從昂貴的東西到廉價的東西，

從用錢買得到的東西到用錢買不到的東西，

從不遠的將來到遙遠的將來。

只要把夢想寫在紙上，就會實現。

想像著未來的時候，你的臉上會散發出令人怦然心跳的耀眼光芒。

寫在紙上，就會實現！

列出一張夢想清單，從微小到遠大的夢想都能一一實現。

6
CHAPTER

優先順序
各異其趣！

Categorize your priorities

⑥ 優先順序各異其趣！

我們身處在依照不同角色質因數分解後的世界。

我們擁有各種角色的願景。

每一個角色都很重要。

替它們排出優先順序。

每個人的優先順序各異其趣，

你會找到你的風格。

優先順序就像DNA一樣，會開創你的未來，

用不同的方式決定優先順序，就會形成不同的未來。

有些人會依情況隨時調整優先順序，

優先順序前後不一，

風格也不一致，

回頭一看，才發現一事無成。

明明很努力了，卻沒有成果；

明明很忙，卻沒有進展。

請試著依照優先順序來安排行程，

請試著依照優先順序來決定行動。

維持一貫的風格。

隨時將腦袋裡的計畫都按照優先順序安排，
在這裡寫下自己的優先順序。

7 CHAPTER

實際採取
行動！

Just do it!

實際採取行動！

把依照不同角色進行質因數分解後的世界，
發展為未來的願景吧！

該怎麼做，才能讓今天的自己更靠近未來的願景呢？
必須具體做些什麼，才能前進呢？
請找出答案。

找到答案後，請立刻將它放進行事曆！
實際採取行動！

不要害怕改變。
採取行動才會有成果。
假如只是空想，就和什麼都沒做的人沒有兩樣。

「煩惱的人」就是「猶豫的人」。

請下定決心，告訴自己「我會實現願景！」
未來的路還很漫長，
豈能在這裡躊躇不前？

具體採取行動，不斷往前進吧！

明日事也今日畢。

只是空想，是不可能前進的。找到答案後，立刻採取行動。
在這裡寫下自己實際做了什麼？

_____

_____

_____

_____

_____

_____

_____

_____

_____

_____

_____

8 CHAPTER

做重要的事

First things first

⑧ 做重要的事

時間對每個人都是公平的，
任誰都想有效率地運用時間。

懂得玩的人，工作效率通常很高。
「為什麼他那麼會玩，卻一帆風順？」
那當然是有原因的。
有效率地運用時間！
做重要的事！
什麼是重要的事？
最重要的是「重要又緊急」的事。
今天非做不可的「重要又緊急」的事是什麼？
請把它排進今天的行程裡。
「重要但不緊急」與「緊急但不重要」，何者重要？
第二重要的是「重要但不緊急」的事。

只要意識到這個能為自己開創未來的重點，

就能看見未來就在眼前。

每天所能完成的事項有限，

因此行事曆也必須有優先順序。

做重要的事！

起初會因為不知道什麼事比較重要而感到迷惘，

但習慣後就會迎刃而解。

若是沒有計畫，時間就會被「啊，我忘了！」和「緊急」

的事情占據。

每天都要留點時間思考自己的行程安排！

**每天都要留點時間思考
自己的行程安排！**

每天被一堆該做的事纏身，做不了想做的事？
在這裡試著寫下自己的計畫。

9 CHAPTER

我的行事曆

My schedule is always clear

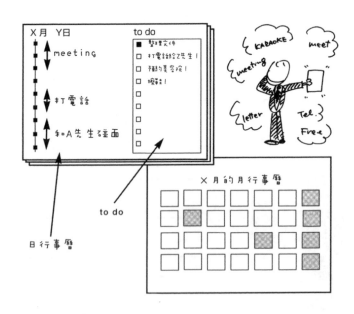

X月 Y日

↕ meeting

↕ 打電話

↕ 和A先生る並面

to do
- ■ 整理文件
- □ 打電話給Z先生！
- □ 預約美容院！
- □ 域影！
- □
- □
- □
- □

日行事曆

to do

X月的月行事曆

KARAOKE meet
meeting
letter Tel.
Free

⑨ 我的行事曆

我喜歡訂立計畫。

只要訂立好計畫，時間就會發光。

我有「每日行事曆」、「to do」以及「每月行事曆」

這三種工具。

「每日行事曆」記錄著當日一整天的行程。

我會將「幾點到幾點做什麼事」寫在時間軸上，

每天一頁。

「to do」是打電話、寫信……等當天必須完成的雜務。

完成後，我會在確認欄作記號。

每當我看著「每月行事曆」，
腦中經常浮現一些突如其來的想法。
假如我想到「要在X月Y日打電話給Z先生！」，
就會把這件事填入X月Y日的「to do」欄。
將未來該做的事寫在「未來的頁面」，在那天到來之前，
就把這件事忘了吧！
等時間到了再恍然大悟似地想起來就好。

為了能隨時接受從天而降的靈感，
我們要永遠保持頭腦裡的清爽！
只要一頁一頁地翻閱行事曆，便能看見未來。

**未來該做的事，
等時間到了再想起來就好！**

**讓行事曆發光，練習把該做的事寫在行事曆上，
在這裡寫寫看今天的 to do list 吧！**

_____

_____

_____

_____

_____

_____

_____

_____

_____

_____

_____

10 CHAPTER

情緒高昂的
平常心

The tension is hot, the mind is cool

⑩ 情緒高昂的平常心

「嗯，這應該可行！」──有這種感覺時，
做什麼都很順利！

試著伸出意識的手去碰觸未來，
讓未來投影在意識的螢幕上！
請再三反覆編織自己的故事，直到出現「這樣就對了！」
的感覺，直到覺得滿意！

若遲遲沒有「對」的感覺，就表示你的感受力偏移了。
感受力偏移的時候，測量自己的那把尺也會跟著偏移，
因此不會發現自己失準。
一旦無法用「對的感覺」掌握未來，
你的情緒就會變得低落。
這時請試著做些能提振情緒的事情。

聽或看一些自己喜歡的東西、和自己喜歡的人碰面，
一起大笑……做些讓自己心情愉快的事情吧！

心情會影響行為，
那我們就影響心情吧。
和自己的心好好相處！

不能只是單純興奮而已，
最棒的狀態是內心熾熱，但頭腦清晰。
讓我們維持「情緒高昂的平常心」吧！

保持平常心，情緒又很高昂，便能清楚地看見未來，
並做出有價值的選擇。

**心情會影響行為，
那我們就影響心情吧！**

寫下一些會讓你心情愉快的事，
用「對的感覺」面對未來，你會發現一切順遂。

_____

_____

_____

_____

_____

_____

_____

_____

_____

_____

_____

_____

11 CHAPTER

你就是
主角！

You are the hero of your life movie

⑪ 你就是主角！

「你的人生，你就是主角！」──你是否忘了這一點呢？
你可以讓故事隨心所欲地發展！

每一分每一秒，我們都在做選擇。
「我的生活很單純，每天都一樣。」
那是因為你不斷地演出
「和昨天一樣的今天，和今天一樣的明天」。

請想像此刻你的眼前有數不清的門，
這個故事的發展，會隨著你開啟的門而異。
然而，你是不是一直以來都選擇同一扇門呢？

「可是，打開和平常不一樣的門，
就不知道會發生什麼事，很可怕耶。」
……就是因為無法預料會發生什麼事，人生才有趣呀。

「我不知道應該打開哪扇門。」

⋯⋯請聆聽內心的聲音，其實你都知道。

（仔細傾聽！那聲音非常細微。）

將自己抽離現實一段時間，

最重要的是抱著「無論如何都能繼續前進」的從容態度。

你就是主角，

從今天起，請為這部名為人生的電影編織全新的故事。

請聆聽內心的聲音，
其實你都知道。

聆聽你心裡的聲音，把心靈告訴你的祕密寫下來。

_____

_____

_____

_____

_____

_____

_____

_____

_____

_____

_____

_____

12 CHAPTER

人生中發生的
全是好事

Everything is the best thing for you

12 人生中發生的全是好事

人生中發生的事情，全都有其意義。

因為有必要，所以才發生。

一切事情的發生全非偶然，而是必然。

事情發生的時機、地點和方法，都是最佳的形式。

請在每次發生事情的時候，試著去留意這件事的發生，

具有什麼意義？

相信你一定能察覺這件事帶給你的「訊息」。

人生中發生的全是好事。

對「什麼」來說是好事？

對「你所希望的未來」來說，全是好事！

你所希望的未來，是怎樣的未來？

擔心未來，就等同於「希望壞事發生」；
猶豫不決，就相當於「希望一成不變」。

請清楚地描繪出未來的願景，
打從心底熱切期盼的事情，一定會實現。

無論發生什麼事，都將其視為「這就是最好的發展！」
繼續往前邁進吧！

訊息會出現在偶然中。

要相信「一切都是最好的安排」，
別忽視身邊正在發生的各種訊息，把它們一一寫下來。

13 CHAPTER

等找到出口後
再解決問題

You have to find the exit at first

13　等找到出口後再解決問題

遇到非解決不可的問題時，任誰都難以保持冷靜。

請隨時保持高昂的情緒！
請隨時保持彷彿被笑意感染的心情。
It's show time！

請培養解決問題的能力！
擁有這種能力的人，每天都能過得像野餐一樣愉快。

當問題解決時，你會有怎樣的心情？
安心、幸福、溫暖、開朗、愉快、高昂……
請用這些情緒塞滿你的心。
這就是出口！
讓這些情緒滿溢內心，再慢慢解決問題。

順序是……

1.接受問題已經發生的事實。

2.掌握「究竟發生了什麼？」

3.思考「我想怎麼做？」

4.找出「想達到這個目標，我該怎麼做？」

5.帶著彷彿問題已經解決般的輕鬆心情採取行動。

就算迷路也不必驚慌，

只要再次找到出口就好。

**帶著彷彿問題已經解決般的
輕鬆心情採取行動。**

當問題解決時,是否感覺世界上發生的事都很美好,
寫下當時的情緒,下次遇到問題時,帶著輕鬆心情面對。

_____

_____

_____

_____

_____

_____

_____

_____

_____

_____

_____

_____

_____

14 CHAPTER

像演電影一樣
生活

Spend your time like a movie star

14 像演電影一樣生活

我喜歡走出電影院時的感覺。

傳入耳中的腳步聲十分悅耳，
風也好似具有什麼意義，
身體的每個動作都比平常稍微慢了那麼一點，
眼前的景色也充滿故事。

請抱著這樣的感覺生活！
將日常生活融入電影，時間的流動就會產生改變；
每個無意識的動作也會有所改變；
無聊的時間也會漸漸消失。

你的想像力就是導演。

帶著走出電影院時的心情生活！

15 CHAPTER

享受對話！

Enjoy your conversation

15 享受對話！

和意氣相投的朋友聊天，

是用錢也買不到的奢侈時光。

再加上優異的指揮家，就能成為一曲美妙的交響樂。

該如何享受對話呢？

對話是由言語的「投」與「捕」所構成的，

因此基本功就是聆聽。

用眼神表現出「我正在專注地聆聽」，

做一個從不漏接的名捕手，

並且有意識地引導對方繼續說下去。

「哇～」「原來如此！」「然後呢，然後呢？」「喔～」

這些應對都能提高對話的品質。

接著朝對方的懷裡輕輕投出一顆容易接的球。

假如只是坐等發言權，對話就會變得無聊。

一字一句都必須真切地說，

展現出「你是對的，我也是對的」的態度，

不否定任何可能性。

說話可以提升自己的能量，

而聆聽別人說話，則能提升對方的能量。

你擁有這種力量。

和朋友聊聊未來的願景吧。

我習慣把互舔傷口般的對話稱為「惡魔的交換日記」。

「未來一定會發展得很順利」

──充滿這種預感的對話，是我們成長所需的養分。

**對話是由言語的
「投」與「捕」所構成的。**

用對話提升自己和對方的能量，把和朋友間的熱烈對話記錄下來，能量不夠時，回顧一下吧。

16 CHAPTER

收集你的
「好棒喔！」

Collect your wonderful praise

16 收集你的「好棒喔！」

夢想是知識！

學習新知能讓未來的願景更加豐富。

請抱著興趣及好奇心。

不論是從雜誌、從電影、從朋友口中、

從電視裡、從路上……

請收集你的「好棒喔！」

製作一本寫滿了你的「好棒喔！」的筆記，

也就是夢想NOTE。

當你覺得心動，就寫在夢想NOTE上。

這顆星球上充滿了讓你心跳加速的SOMETHING。

風景、人、城市、音樂、畫、照片、風、

浪花、天空、大海……

你是感性的地球探險員！

你是感性的地球探險員！

17 ^{CHAPTER}

帶著相機
出門

Bring a camera on the street

⑰ 帶著相機出門

不要放過「想帶著相機出門的日子」，
那絕對會是非常愉快的一天！

帶著相機出門，你的視野就會改變，
「眼中的構圖」裡，會融入你的意志。

路上會出現美麗的事物，
人們的臉上會出現各種表情，
風景會變得更有質感。
你會遇見心中所想的景致。

心中的景致裡有無數道門！
一旦不知不覺開了門，我們便會開始在意識中自由飛翔。
盡情遨遊吧！

帶著相機出門，好奇心就會引導你。
它會讓你選擇走不同於平常的路，或引領你前往一個平常
不會去的地方。

這是一場充滿發現和驚奇的small trip……

按下快門，不要猶豫。
你將展開一段從「戰戰兢兢地拍照」
到「拍下最後一張照片」的旅行。
看見那片景色時的心情，會記錄在照片裡。

心中的景致裡有無數道門！

帶著可以記錄景物的相機、手機、拍立得出門，
把拍下來的照片貼在這留念。

18 CHAPTER

提筆畫畫

Communicate with yourself through picture

18 提筆畫畫

某次在峇里島的阿曼努沙度假時，

我拿起床邊的便條紙，用鉛筆在上面塗鴉。

「下次出國，我要帶蠟筆和圖畫紙！」

這就是我開始畫畫的契機。

學生時代的痛苦回憶，讓我遠離了「提筆畫畫」這件事，

但一拿起筆，我彷彿又回到了小時候。

手中蠟筆傳來的波動，令人懷念。

「我想畫得漂亮。」

「我想用美麗的顏色……」

「我想畫天空。」

「我喜歡藍色。」……

各種情緒湧上心頭，我開始與自己對話。

「我們好久沒講話了呢。好久不見！」

別怕，提筆畫畫吧！

「畫著玩」就好。

只要讓心自由，各種事物就會開始出現在心中。

我去歐胡島和茂宜島玩了一趟，

而我在歐胡島畫的畫和在茂宜島畫的截然不同。

畫畫的地點會大幅影響我們的心，

讓我們得知自己內心深處的感受。

「要不要在N.Y.的Soho區辦個展？」

「一旦決定『要！』，畫的風格就會改變唷！」

「我想看看自己還沒畫過的畫！」

我是這麼想的。

過去寫在夢想NOTE上的夢想，就這樣慢慢實現。

提筆畫畫就是與自己對話。

你有多久沒有動手畫畫了呢？
找回童年的手感，在這一頁隨意畫畫吧。

19 CHAPTER

把時間花在
美術館的咖啡廳

Inspirational café at the museum

19 把時間花在美術館的咖啡廳

在一個平常不會去的地方尋找靈感，
繪出跳脫既定觀念的未來藍圖。

我喜歡在美術館的咖啡廳裡度過的時光。

我想在平靜的時光中勾勒出未來的藍圖。
在這個充滿創造力的幻想世界裡，
享受可以100％忘我的奢侈時光。

這段不可思議的時光，在踏出家門的瞬間展開。

沒有體驗過是無法理解的，
在此推薦各位幾間咖啡廳。

・品川・原美術館，「Cafe d'Art」
・丸龜・豬熊弦一郎現代美術館，「Café MIMOCA」
・N.Y.・MOMA，「The Garden Café」
・直島・直島Benesse island，「Benesse House」

坐在哪個位置也很重要！
對空間必須有所堅持！
用直覺找出答案！

當你的心開始習慣後，就會想要拿紙筆來寫些什麼，
請準備好你最喜歡的筆和令人心曠神怡的紙張。

**在這個充滿創造力的幻想世界裡，
享受可以100％忘我的奢侈時光。**

去美術館的咖啡廳坐坐吧，
在充滿創造力的環境拿起筆寫下你的心情。

20 CHAPTER

去旅行

Go on a journey!

註：GORO為輪子滾動的聲音。

⑳ 去旅行

旅人！

一旦養成浪跡天涯的習慣，人生就會變得非常快樂唷！
或許誘惑人心的神，就是你的SOULMATE!?

去旅行吧！

旅行中的日常全都不平常，
可以模擬體驗「自己想做誰就做誰」的自由。
請去喪失記憶一下再回來！

從心中浮現「去哪裡走走好了！」的瞬間起，
旅程便展開了。
面對未知的世界，心裡既緊張又期待。

一開始在旅行目的地展開「生活」，「判斷事物的基準」
就會逐漸出現變化，
我們會忘記出發前的記憶。
旅行會一直持續到回家後，想起出發旅行前的自己為止。

藉由察覺自己的改變，我們可以發現全新的自己。
小小的影響，將帶來大大的收穫。

「獨自旅行」或「和別人一同旅行」都好。
「獨自旅行」是面對自己的旅行。
「和別人一同旅行」是彼此分享的旅行。

每一次旅行，都能再度喚醒感性。

旅行中的日常全都不平常。

對工作、人生感到疲乏了嗎？找個地方去旅行吧，找回被遺忘的勇氣。在這裡寫下未來想去的國家。

_____

_____

_____

_____

_____

_____

_____

_____

_____

_____

_____

21 CHAPTER

想到什麼
就在紙上寫下什麼

Just feel and write down on paper

㉑ 想到什麼就在紙上寫下什麼

想到什麼就在紙上寫下什麼。

把一直存在於你內心，但還沒吐露的「小小心聲」

展現出來。

配合心聲湧出的速度來寫，成為一個詩人。

什麼都不用想，

排除人為的意志，就能成為藝術。

「只要自然地呼吸，想法就會湧現！」

請寫下像這樣的條文式敘述。

「該寫什麼？」就是因為沒有規則才有趣。

「放慢生活的步調」

「迷惘的時候就GO！」

「笑容最棒」

「舉手投足都很美」

「嘴角的魔術師」

「想去海邊」

「藍色玻璃瓶」

「對自己好一點」

「逐漸溶解的時間」

「在街上的咖啡廳點一杯雙倍義式濃縮」

「個性不完美得剛剛好」

「不要和別人比、不要和別人比」

「要不要試著像魚一樣呼吸？」……

今天的我大概是這種感覺。

看著寫下的內容，便能確認「今天的自己」。

**排除人為的意志，
就能成為藝術。**

心情亂糟糟，這時候就該整理自己思緒，
把讓你困擾、讓你開心的事情寫出來。

22

保有獨自思考的
時間！

Think alone sometimes

22 保有獨自思考的時間！

「人生最不幸的，就是沒有跟自己獨處的時間！」
歷史上有許多偉人都這麼感嘆。

其實，如果沒有刻意提醒自己「我要撥時間獨自思考！」
我們很難擁有這樣的時間。

「保有時間獨自思考的人」，
會與「沒有時間獨自思考的人」生活在不同的時空。
光是擁有獨自思考的時間，就能成為一位個性派的人。

請保有獨自思考的時間，「1天40分鐘」。

在這段時間裡，我們可以做自己。
恢復自己的個性。
讓感性復甦。

整理腦中的思緒。

確認優先順序。

決定行程。

重新構築記憶。

確認人際關係的位置。

舉行作戰會議。

揣摩角色。

進行具有創造性的懺悔。

讓心休養生息。

感謝。

這是個讓人感到舒服、討人喜歡的人每天必經的儀式。

對愈忙的人來說，效果愈好。

這是為了擁有更多時間而花的時間。

**保有時間獨自思考的人
會活在不同的時空中。**

一個人的充電時間很重要，
每天花40分鐘恢復自己的個性。

23 CHAPTER

買張明信片、
寄份傳真

Send a letter/a fax to your specialities

23 買張明信片、寄份傳真

「明信片」……

信箱裡躺著一張別人寄來的明信片。

會是誰寄來的呢？

真是期待。

這是一種令人印象深刻的交流。

「傳真」……

「我到家了。今天謝謝你！」我收到這樣一張傳真。

傳真是寄出的瞬間，對方就能收到的信。

這種時間上的意圖和時間上的意義，令人無比開心。

這是一種珍貴的交流。

下次出門逛街的時候，買張明信片吧！

你一定會遇到適合你的明信片。

同時也開始培養傳送傳真的習慣吧。
「該寫些什麼好呢？」

寫什麼都好。
畫幅畫也好。
只寫幾行也好。

「我懶得動筆！」
正因為你是這樣的人，收到時才更令人高興！

寫什麼都好！

列出你想要寄明信片的人，下次出去旅遊時，別忘了寄給他們。

24

心念一轉，
改變就會開始

Start a new life from now on

24 心念一轉，改變就會開始

據說柯比意會望著「貝殼、眼鏡、水管」等作畫，
啟發他靈感的門扉，是否正存在於這些物品之中呢？
那扇門會促使人「轉念」。

找出能讓你開始「轉念」的開關吧。

「轉念」。
那是一種和宇宙相連的感覺，
一種已經在印象中知道答案的狀態，
一種謙虛的自信。

「轉念」是愉快的嗎？
「愉快」是好的嗎？

「抱著愉快的心情活下去！」

一旦「轉念」，你就能跨越時空，得知結果。
一旦「轉念」，你就等於生活在「一切都會順利的世界」
裡。

把未來的影像投影在心的螢幕上！
你可以輕而易舉地投影出來，而那幅景象就像你身體的一
部分，和你密不可分！

當你「轉念」，改變就會開始。

抱著愉快的心情活下去！

一直陷在負面思考裡，只會越來越不愉快，
不愉快時，找出讓你轉念的開關，開始改變。

_____

_____

_____

_____

_____

_____

_____

_____

_____

_____

_____

_____

25 CHAPTER

對得起自己

Come back to yourself

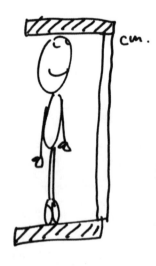

㉕ 對得起自己

有一對情侶。

「算了！」他轉過身去，
同時用眼角餘光偷看她的反應。

當她表現出「彷彿快要失去重要的東西」的態度時……
他會心想「我是個很重要的人」。

當她表現出「算了就算了，哼！」的態度時……
他會心想「我是個微不足道的人」。

人總會用「某個標準」來衡量自己，
一旦掉入這個陷阱，就無法發揮實力。

不用「某個標準」來衡量自己的人最棒了。

「覺得自己很棒」和「希望別人覺得自己很棒」
是不同的。

不去奪取別人的能量，自己的能量也不被人剝奪，
才是「對得起自己」的生活態度。

穩定的人，會散發出「穩重」和「強大」的光芒。
你的偉大，只有你自己知道。

「覺得自己很棒」和
「希望別人覺得自己很棒」是不同的。

別活在他人的眼光底下，
請找到屬於自己的一套標準，寫下來。

26 CHAPTER

讀本書吧

Read books!

26 讀本書吧

這本書，我想在南方島嶼上讀。

這本書，我想在搭電車的時候讀。

這本書，我想躺在床上讀。

漸漸融入故事情節中，

一片虛擬實境在心中蔓延。

這本書，我想在椰子樹下讀。

這本書，我想在漂亮的咖啡廳讀。

這本書，我想在游泳池畔讀。

每次去書店，總會心跳加速，

對時間的感覺也變得遲鈍。

心裡有股預感，覺得會遇見什麼——

遇見一句能影響自己人生觀的話。

每每有人表示自己不喜歡看書，
我都會這麼想：「那是因為你還沒遇到啊。」

世上一定有一本適合你的書。

這本書我想在椰子樹下讀。

不想讀書的時候，就放下書本，想讀書時，再重拾書本，還有
很多書等著你去挖掘。

27 CHAPTER

教你一句咒語

Everything goes well!

From：
地址：

廣　告　回　信
台　北　郵　局　登　記　證
台北廣字第 01764 號

平　　　信

To：台北市 10445 中山區中山北路二段 26 巷 2 號 2 樓

大田出版有限公司　／編輯部　收

電話：（02）25621383　傳眞：（02）25818761
E-mail：titan3@ms22.hinet.net

意想不到的驚喜小禮
等著你！

只要在回函卡背面留下正確的姓名、
E-mail和聯絡地址，並寄回大田出版社，
就有機會得到意想不到的驚喜小禮！
得獎名單每雙月10日，
將公布於大田出版粉絲專頁、
「編輯病」部落格，
請密切注意！

編輯病部落格

大田出版

0714126

大田出版 讀者回函

姓　　名：_____

性　　別：□男 □女

生　　日：西元_____年_____月_____日

聯絡電話：_____

E-mail：_____

聯絡地址：_____

_____

教育程度：□國小 □國中 □高中職 □五專 □大專院校 □大學 □碩士 □博士

職　　業：□學生 □軍公教 □服務業 □金融業 □傳播業 □製造業
　　　　　□自由業 □農漁牧 □家管□退休 □業務 □ SOHO 族
　　　　　□其他 _____

本書書名：_____

你從哪裡得知本書消息？
　□實體書店 _____ □網路書店 _____ □大田 FB 粉絲專頁
　□大田電子報 或編輯病部落格 □朋友推薦 □雜誌 □報紙 □喜歡的作家推薦

當初是被本書的什麼部分吸引？
　□價格便宜 □內容 □喜歡本書作者 □贈品 □包裝 □設計 □文案
　□其他 _____

閱讀嗜好或興趣
　□文學 / 小說 □社科 / 史哲 □健康 / 醫療 □科普 □自然 □寵物 □旅遊
　□生活 / 娛樂 □心理 / 勵志 □宗教 / 命理 □設計 / 生活雜藝 □財經 / 商管
　□語言 / 學習 □親子 / 童書 □圖文 / 插畫 □兩性 / 情慾
　□其他 _____

請寫下對本書的建議：

27 教你一句咒語

我要教你一句很棒的咒語。

「一切都很順利」。

無論是在發生事情的時候，或是在什麼事都沒發生，讓人
忍不住發呆的時候……
任何時候！
都請你吟誦這句咒語。

「一切都很順利」。

只要喃喃複誦幾次，「心中的感覺」就會開始有所改變。
吟誦時若能加上你的溫度，效果更好。

「一切都很順利」。

相信已經發生的事。

請抓住那種感覺——

就好像你所需要的東西，全都自動聚集過來了。

其實你一直受到不知不覺中脫口而出的話所影響。

口頭禪會決定人生的方向，

請用積極正向的話當作口頭禪吧！

「一切都很順利」。

一切都很順利。

在這一頁列出你的口頭禪，
你會發現口頭禪會影響平常的所作所為。

_____

_____

_____

_____

_____

_____

_____

_____

_____

_____

_____

_____

28 CHAPTER

搭乘海洋獨木舟
出海

Go into the ocean

28 搭乘海洋獨木舟出海

我30歲生日的時候，父母送了我一艘海洋獨木舟，
我替它取了一個用來記念我父母的名字，
每年夏天都會駕著這艘獨木舟出海。
寂靜地緩緩前進的獨木舟，令我深深著迷。

「把重心放低！」
「望出去的角度不同，眼前的景色也會隨之改變呢……」
「順著風……」
「就在這裡動也不動地待一會兒吧」
「夕陽真美」
「水滴是橘色的！」

西邊天空還有夕陽，東方天空卻已升起月亮那段時間，
是只有幾十分鐘的魔法。
在這幅動人美景之前，無論發生什麼事都不足為奇。

夜晚時分，讓兩艘獨木舟在海面上平行前進。

月亮在搖曳，時而哈哈大笑，時而呵呵輕笑。

流逝的時間帶有濕潤感，

眼前的輪廓美不勝收。

海灣的海面十分平靜，

谷灣海岸在這個小小空間裡營造出各種景致。

每一次怦然心動，我都會思索這個地方該叫做什麼名字。

「HEART OF FOREST」

「GREEN WALL」

「BAMBOO LINE」

「FLOUR BASE」

請前往一個讓你心曠神怡的地方，

一到那裡，你便能通往心中的天堂。

**請前往一個讓你
心曠神怡的地方。**

找一個可以放鬆的天堂，專屬於你的祕密基地吧。

29

讓每個與你相逢的人都能得到幸運

Hope every friend around you will be happy

㉙ 讓每個與你相逢的人都能得到幸運

請想像你擁有這樣的力量：

「你遇到的每個人都會得到幸運」。

「我該為他們做些什麼才好？」

你不需要特別做什麼，

只要在心中描繪出那個人得到幸運的模樣。

對方也擁有和你相同的力量，

所以你無須擔心對方。

一旦擔心，你就會讓這份驚人的力量陷入沉眠。

請相信對方的力量。

一切皆因你與對方在心底進行的交流而起。

讓每個與你相逢的人都能得到幸運。

請相信對方的力量。

30

找出只有你做
得到的事！

Only you can do it

㉚ 找出只有你做得到的事！

世上有些人才華洋溢，

能讓人覺得「這個人與眾不同！」，

或是讓人覺得他的內在彷彿是「神」。

這種人和我們到底哪裡不一樣呢？

他們每天的行動，可分為兩種類型：

「只有他們能做到的事」以及「我們也能做到的事」。

在感嘆之前先試試看吧！

特別的人也會做普通的事。

「打電話」

「每天行動」

「寫信」

「和人碰面」

「訴說自己的想法」……

放鬆肩膀，試著做點「我們也做得到的事」吧！
當你跨過那道障礙，或許就會發現——
「只有你做得到的事」。

許多人甚至連自己做得到的事也不做？
任誰都做得到的事，有時也能讓「名為人生的這場遊戲」
改變方向。

特別的人也會做普通的事。

停止羨慕別人了，在這一頁寫下自己可以做到的事，
然後從中找出只有自己做得到的事。

你所走過的路，
將百花盛開

Clear your mind and new life will come

㉛ 你所走過的路，將百花盛開

採取某個行動後，往往會有一段心神不寧的時間。

我們一定要解決那種不舒服的感受！

我們感受到的一切會漸漸擴散，

你此刻的心情會影響過去，也會影響未來。

不能讓心神不寧的感覺持續下去，

回到現實的第一步，就從將心神不寧一掃而空開始。

想解決心神不寧，只要用自己最擅長的方法即可。

確認應該確認的事，

輕聲說出「過去就像廚餘！」

將它寫在紙上，再把紙撕碎扔掉，

好好睡上一覺，

去你常去的老地方，

見你想見的那個人，

泡個熱水澡，

插一盆花，

剪頭髮，

補個妝，

打掃房間，

做運動流流汗，

去看場電影。

消除不舒服的感覺，賦予它令人心曠神怡的印象；

而當那種感覺消失後，過去就會開始改變。

若是一直心神不寧，過去就會朝不好的方向改變。

永遠抱著清爽的心情生活吧！

這力量就連過去都能夠改變。

假如抱著在「當下」快樂生活的態度，

你所走過的路將百花盛開。

回到現實的第一步，
就從將心神不寧一掃而空開始。

活在當下，立刻去做想做的任何事，別再猶豫不決了。

CHAPTER

32

緩而深地呼吸

Breathe deeply and slowly

緩而深地呼吸

所謂平穩的呼吸，

就是慢慢地深深吸氣，緩緩吐氣。

吸……呼……

吸……呼……

請用力吸取充滿這個星球的「藍色氣體」。

每一次吸氣，能量就會湧入你體內。

每一次呼氣，就能將不重要的東西排出體外。

當內心感到驚恐的時候，呼吸急促。

當一切都順利的時候，呼吸和緩。

吸……呼……

吸……呼……

令人感到舒適的時間就此展開，

時間緩緩流逝，

我們也能更看清事物，

變得更柔軟，

掌握幸運即將來臨的預感。

當一切都順利的時候，
呼吸和緩。

呼吸，是最好也是最簡單的放鬆方式，
緊張的時候，不妨大口呼吸吧。

33 CHAPTER

意念比言語更能觸動人心

Trust the feelings more than the words

意念比言語更能觸動人心

「我不擅言詞。」
請避免一心想著要把話說好。

「我不知道該說什麼才好。」
請慢慢地將浮現在你心中的一切如實表達出來！

比起「你所說出的話」，
「你心中的意念」其實更能觸動人心，
倘若一心想把話說好，就會有什麼開始微妙地走調。

「萬一遭到誤會怎麼辦？」……
把這個想法也化為言語吧！

能坦率地表達心情、能若無其事般地誇獎別人、
能只給予建議，而不指責他人的缺點、

能向對方未知的一面攀談的人，
都能傳達其意念。

假如因為太慌張而脫口說出了「什麼」，
那麼對方感受到的並不會是「什麼」，
而是一種「慌張的環境與波動」。
請塑造一個令人感到舒服的空間吧。

調整呼吸，悠閒地度過時間，揚起嘴角，
營造出能帶來幸運的磁場。

「非得出現嚴重的衝突，才有可能獲得同意」——
你是否有這種誤解？
要得到同意，靠的並不是分離，而是融合。

對方將會感受到你內心的模樣。

喜歡你內心的模樣。

越希望用口語表達真心，反而越不知道該說什麼，
試著放鬆讓心中的話語自然流露。

34 CHAPTER

人們將圍繞著你

Be the person you want to see again

34 人們將圍繞著你

有些人擁有獨特的魅力，

總是受到眾星拱月般的待遇。

我們為什麼會有「真想再見那個人一面」的感覺呢？

對你而言，那會是個什麼樣的人？

願意傾聽我的人。

擁有燦爛笑容的人。

幽默風趣的人。

和他在一起似乎能學到很多東西。

充滿個性的人。

認同我的人。

能帶給人活力的人。

中立的人。

不著痕跡地展現體貼。

笑聲不斷。

每個細節都用心。

無條件接受我的人。

總是帶來新知的人。

開朗的人。

真是令人憧憬呢！

開始模仿他們的言行舉止，

不知不覺，人們將圍繞著你。

成為讓人想再見一面的人。

觀察人緣好的人，他們的身上一定有某些特質，
讓他人想不斷靠近，寫下你觀察到的特質，開始模仿吧！

_____

_____

_____

_____

_____

_____

_____

_____

_____

_____

_____

_____

35 CHAPTER

人生可以
處處充滿驚奇

Great things happen casually

㉟ 人生可以處處充滿驚奇

「人生怎麼可能如此輕易遇到充滿魅力且美好的事？」我
要送這麼想的人一句話。

人生可以處處充滿驚奇。

人類的深層意識中，有一種奇妙的規則。

人會對「變得比現在差」感到恐懼，
同時也對「變得比現在好」感到恐懼。
這是一種超出「原本自己」範圍的恐懼。

許多人不願跨出令人覺得安心，
認為「我就是這樣，不會更好也不會更差」的舒適圈……

對於變得比現在更好感到恐懼，

對於展現出充滿魅力的自己感到恐懼，

對於變得富足感到恐懼，

對於變得自由感到恐懼，

對於讓心變得平靜感到恐懼，

對於人生的節奏漸漸變快感到恐懼。

不知不覺中，你已經在心中築起一道厚牆。

想要打破既定觀念的牆，

就必須多接近充滿冒險精神的人！

「原來奇蹟可以這麼輕易出現啊!?」

當你敞開心胸，奇蹟的發生就會像家常便飯一樣頻繁。

人生可以處處充滿驚奇。

當你敞開心胸，
奇蹟的發生就會像家常便飯一樣頻繁！

人對於跳出舒適圈都會心生恐懼，因為未知讓人恐慌，
其實，打開心胸接受一切的發生，奇蹟將會頻繁發生。

36 CHAPTER

成為古董

Change yourself every minute

36 成為古董

我在峇里島的某間古董店裡恣意地看著家具，
心裡這麼想：

變舊了以後，「能成為古董的東西」和「只是單純變舊的
東西」，究竟有什麼差別呢？
隨著時間的經過，「價值愈來愈高的東西」和「價值愈來
愈低的東西」，究竟有什麼差別呢？

經過精心打造。
存在本身就是藝術。
稀有。
為一般大眾所接受的美。
品質優良。

這些條件也能套用在人身上，

我們都想成為隨著年紀增長，價值也跟著提升的人。

人生就是「現在」的連續，

讓每一個「現在」的瞬間，都過得充實無比。

請在心裡想著「就這樣做吧！」

享受當下！選擇能帶來變化的時間。

每當遇到許久不見的朋友時，

總會覺得「你都沒變耶！」

之所以覺得對方「都沒變耶！」

正是因為對方一直不停地改變。

正因為不斷地成長，最重要的核心才不會改變。

「變化」是一種極致的奢侈，

不斷變化，就是成為古董的祕訣。

不斷變化，
就是成為古董的祕訣。

如果希望讓自身的價值隨著時間增長，
請讓每個活著的瞬間都過得無比充實吧。

37 CHAPTER

遇見很棒的人

Let's meet great people!

37 遇見很棒的人

你會和誰相遇？

人生會隨著各種相遇而出現極大的改變。

交到一個新的知心好友，

認識久了，便開始染上對方的口頭禪，

不知不覺模仿對方的言行舉止。

個性會隨著口頭禪一起感染別人。

你正受到身邊朋友的影響，同時也正在影響身邊的人。

你和什麼樣的人一起活在世上？

那也是一種人生智慧！

我曾受到許多人強烈的影響（現在也持續受影響）。

當我遇見某個人並受到影響，我就會覺得那一天好幸福。

「啊，我又展開新的人生了！」心中一陣陶醉。

「我為什麼覺得那個人很棒？」
「那個人的魅力何在？」
「為什麼那個人不管做什麼都很順利？」
試著找出那個人內在的「美好」。

遇到太完美的人，有時會因為刺激過於強烈而感到消沉。
但那其實是最完美的相遇！
會感到消沉，是因為自己潛意識一直在和別人比較。
不要比較、不要比較！不幸是比較出來的。
當你一直比較，就不會有任何邂逅。
虛心接受他人的卓越吧！
只要將心整理好，美妙的人就會出現在你面前。

個性會隨著口頭禪一起感染別人。

**停止和別人比較，不斷比較只會讓你變得越來越膽小，
在這裡寫下你認為的美好內在是什麼樣子？**

_____

_____

_____

_____

_____

_____

_____

_____

_____

_____

_____

_____

_____

38 CHAPTER

誰是你的
靈魂伴侶？

Who is your soul mate?

③8 誰是你的靈魂伴侶？

我們是為了什麼而來到這顆星球的呢？

就像個出國旅行的人，只在這裡短暫停留，

馬上又要前往另一個國度。

我們是為了學習某些重要的事，而來到這顆星球的嗎？

靈魂是成群存在的，

在這個系統裡，彼此互相影響，同時互相學習。

在這場愉快的遊戲中一同享受的夥伴，

就是靈魂伴侶。

能分享彼此的發現。

能替對方的進步開心。

能與對方討論事情。

能認同彼此的個性。

能在感情上同調。

能交換彼此的光芒。

能放鬆心情，重新檢視自己的綠洲。

求知慾能得到滿足。

對方的存在本身就能為自己帶來勇氣。

能不著痕跡地給自己建議。

能保有尊重對方個性的距離感。

理解自己是在發牢騷且願意聆聽，讓自己能安心發牢騷。

謝謝你出現在我的人生當中。

未來的日子也請多多指教！

我們是為了什麼
而來到這顆星球的呢？

擁有靈魂伴侶是一件很幸福的事，
在這裡寫下想對靈魂伴侶說的話。

_____

_____

_____

_____

_____

_____

_____

_____

_____

_____

_____

_____

39 CHAPTER

稱讚別人，
別害羞

Don't be shy to praise

㊴ 稱讚別人，別害羞

儘管覺得對方變得更棒了，卻因為害羞而難以啟齒。
我認為，能觀察到他人的變化或美好的人很令人嚮往。

讓我們養成發現「變化」和「美好」的習慣吧。
「奉承」和「稱讚」是不同的。

「你好棒喔！看起來很耀眼呢。」
聽見這樣的稱讚，任誰都會感到開心。

「啊，那是新鞋嗎？好可愛唷。」
當別人留意到自己的改變，喜悅將湧上心頭。

「你的笑容真好看。」
下次見面的時候，對方一定會為你展現出更燦爛的笑容。

每個人都希望自己的存在受到認同，

你不經意的一句話，可能會替對方帶來幸福，

你坦率真誠的一句話，可能會替對方帶來自信。

稱讚別人吧，別害羞！

擁有坦率地說出口的勇氣。

對越親近的人，越難開口稱讚；但想想自己受到稱讚時心裡的感受，從今天起，開始稱讚別人吧。

_____

_____

_____

_____

_____

_____

_____

_____

_____

_____

_____

40

愛上了印第安人

To accept the thing I can't change,
to change the thing I can change!

⓯ 愛上了印第安人

一天，我讀了一本有關印第安人的書。

「有勇氣去改變能改變的事物。」
「有寬大的心胸去接受不能改變的事物。」
「有分辨兩者差異的智慧。」
……能夠擁有上述三種能力，我心存感謝。

向神明表達謝意。

我愛上了這樣的印第安人。

他們生活在這顆星球上，與之融合。

共生。
他們經營著一種融合共生的人際關係。

互助共生的人們，眼神是清澈的。

我很憧憬他們的生活。

他們所重視的價值觀──

能改變的事物與不能改變的事物。

從「韌性」與「乾脆」中，可以感受到強大的力量。

請告訴我風的故事。

請教我火之舞。

水精靈最近還好嗎？

改變能改變的事物與
接受不能改變的事物。

坦然接受能改變與不能改變的事物，
不執著、不強求，船到橋頭自然直。

41 CHAPTER

合掌

Prayer makes you gentle

41 合掌

我從小就喜歡在佛壇上香或去掃墓。

站在墳墓前，總有一種被看透的感覺。

一合掌，就能變得坦率；

一合掌，就能變得柔軟。

「我會努力的，請你在天上看著我。」

「請讓我人生所需的事情發生。」

掃完墓之後，我會覺得充滿了能量。

那是一段能面對自己的時間。

透過意識到「死」這件事，進而意識到「生」。

長期把精力花在身邊瑣事上而逐漸萎縮的自己，
瞬間膨脹了起來。

一旦自始至終都能坦然接受，
我們就會打從心底變得堅強。

我在日常生活中，也會不自覺地合掌。

一合掌，就能變得坦率；
一合掌，就能變得柔軟。

透過死亡來思考生命的意義，總會慶幸自己依然還活著，
在這裡寫下讓心更堅強的幾個方法吧。

42 CHAPTER

做一個常說
「謝謝」的人

Thank you

42 做一個常說「謝謝」的人

「謝謝」。

這句話，不論說的人或聽的人，都會感到心情愉快。

一個美好的人，生活中充滿了自己說的，

以及別人說的「謝謝」。

即使對小事也抱持感謝的人，是富足的。

每當遇見美好的「謝謝」，就會想要再聽一次。

美好的「謝謝」，會為我們帶來下一個「謝謝」。

接受一切，並心懷感激。

「謝謝」這句話具有魔力，

能讓溫暖的東西擴散，冰冷的東西也會逐漸融化。

對為我們送水的咖啡廳店員說「謝謝」。

對特地為自己而來的那個人說「謝謝」。

對站務人員說「謝謝」。

對媽媽說「謝謝」。

對月亮說「謝謝」。

對四季的風說「謝謝」。

我們的身邊環繞著「謝謝」呢。

去對那個人說聲謝謝吧！

滿滿的感謝都化為一句簡單的謝謝，讓身邊環繞著謝謝吧！

43

CHAPTER

盛怒之下
不要做判斷

Don't decide when you're angry

盛怒之下不要做判斷

生氣時做的判斷，

焦躁時做的判斷，

傷心時做的判斷，

感到孤獨時做的判斷，

自暴自棄時做的判斷，

著急時做的判斷。

心煩意亂的時候，千萬不要做決定。

當人判斷一個超出自己能力範圍的問題時，就會心亂。

維持心情平靜。

在心亂的時候才更應該保持平常心。

當心安處於自己之中，平常心就會出現。

失去平常心的時候，就會做出錯誤的判斷。

因為判斷的標準偏移了！

盛怒之下不要做判斷，

等過一會兒之後，再來思考。

相信你一定能找到最完美的辦法！

抱著平靜的心情做判斷。

情緒不穩定時，千萬不要胡亂下決定，
冷靜想想，三思而後行。

CHAPTER

44

忘記說的
「對不起」……

I'm sorry

㊹ 忘記說的「對不起」……

有時會突然想起一句忘了說的「對不起」。

每次一想起，心都會噗通一跳。

當時覺得「我又沒錯」。
當時覺得「反正只要過一段時間就好了」。

「承認自己的錯誤」這件事，
或許比做一件好事還需要勇氣。

我們都還不夠成熟，
不可以害怕犯錯，
同時也不可以害怕說出「對不起」，承認自己的過錯。

「希望別人覺得自己很棒」和「成為一個很棒的人」。

能填補這兩者之間差距的一句話——

就是「對不起」。

卸下防備，坦率承認自己的過錯，

心情就會變得輕鬆無比。

從「希望別人覺得自己很棒」到
「成為一個很棒的人」。

承認錯誤除了需要很大的勇氣，
還需要堅定的信心了解自己能夠改過自新。

_____

_____

_____

_____

_____

_____

_____

_____

_____

_____

_____

_____

45 CHAPTER

無須驚慌

Take your time!

45 無須驚慌

遇到危機時，若有辦法可以解決，就不需要驚慌。

只要去做就好。

遇到危機時，若沒有辦法可以解決，也不需要驚慌。

因為沒有可以做的事。

無須驚慌。

首先，你需要的是掌握狀況的能力。

只要「了解」，就能解決90％的問題。

掌握狀況後，就開始分析。

「問題是什麼？」「目前處於什麼樣的條件下？」

愈是複雜的狀況，就愈不該只在頭腦裡想。

在紙上寫下來吧！

把「已經清楚的部分」和「還不清楚的部分」弄清楚。

把頻道調到「一定有辦法！」找出解決的方法。

拿出勇氣接受現實，
拿出勇氣實踐解決的方法。

假如真的沒有辦法，那就接受「一切」吧！
乾脆地接受吧。
你能接受的問題有多大，你的心胸就有多寬大。

你能接受的問題有多大，
你的心胸就有多寬大。

碰到超乎自己預期的難題時，
想著「一定有辦法」肯定能找出解決方法。

鍛鍊你的心

Train your heart

46 鍛鍊你的心

每次挑戰，就像是在鍛鍊我們的心，
使內心的肌肉變得愈來愈強壯。

這麼一來，我們就會想要挑戰各種事物。
所以心又會受到更多的鍛鍊。

當你變得膽怯時，就鍛鍊你的心吧。
你內心的肌肉看來很軟弱無力唷！
只要沒死，所有的傷都只是擦傷。

眼前出現阻礙時，不可以逃開，
會出現在你面前的阻礙，都是可以解決的。

鍛鍊你的心吧。

積極地挑戰各種事物，

加強對一切事物的上進心！

不要放棄！

在你幾乎要放棄的時候，真正的遊戲才正要開始。

只要沒死，
所有的傷都只是擦傷。

心臟的強大是可以被鍛鍊的，不要逃避難題，
每個難題都是刺激成長的養分。

身體所感受的時間
就是指標

Feeling is a barometer

47　身體所感受的時間就是指標

明明是相同長度的時間，有時會覺得很短，
有時卻覺得很長。

當我們做不想做的事情時，會覺得時間過得特別慢，
但卻不會記得內容。

當我們集中精神時，時間就會飛快地流逝，
不過有目標的人，會覺得1個月格外漫長。

小時候覺得1年很久，
但年紀愈大就覺得愈短。

7歲的孩子變成8歲的時候，1年相當於他人生的1/8；
而50歲的人變成51歲的時候，1年相當於他人生的1/51。

正因如此，我們才應該每天都過得充實而有意義！

將每一天都當成藝術品般創作，

多累積會對自己人格產生影響的經驗。

你對流逝的時間有著什麼樣的感覺呢？

是快？還是慢？

「身體所感受的時間」就是指標。

將每一天都當成藝術品般創作。

每天都用身體感受時間的流逝，當作自己的指標吧。

48 CHAPTER

能遇見你
真是太好了

I'm so happy to meet you

48 能遇見你真是太好了

我們在一生當中，究竟會遇見多少人呢？

你有沒有「能遇見這個人真是太好了」的經驗？
這樣的相逢，會讓你有股「有什麼即將改變」的預感。

擁有這種經驗的人，就是大家心目中覺得
「能遇見你真是太好了」的人。
假如人生中有個對自己說「能遇見你真是太好了」的人，
便能得到勇氣。

「每次見到你，都能精神百倍。」
「每次見到你，都能神清氣爽。」
「每次見到你，都能變得坦率。」
「每次見到你，都能充滿幹勁。」
「每次見到你，都能擁有自信。」

「每次見到你，都能變得溫柔。」

說說你至今遇過的「美好邂逅」吧！

就像是準確預言光明未來的預言家，
把對方還沒展現出的「未來的你」化為言語，
傳達給對方。
小小的影響，將會大大改變未來。

「能遇見你真是太好了。」

帶給每個與你相逢的人
令人期待的願景。

在這一頁寫下從前到現在遇到的美麗邂逅吧！

49 CHAPTER

人生是一場
美妙的野餐

Life is like a picnic!

49　人生是一場美妙的野餐

回到房裡，按下CD播放器的開關，
MAXWELL開始唱歌。

好，今天要做些什麼呢？

耳邊傳來電腦開機的聲音。
「你好！」我可以感受到打招呼的人此刻的心情。

盡情享受這段時光，
我非常喜歡這樣的生活方式。

確認了行事曆，
光是注視著，我的右腦便開始活動，
帶我前往想像的世界。
未來在我的眼前。

假如故事在途中遇到好幾條岔路，那就選一條前進吧。
倘若不喜歡那條路的結局，就換下一條路走。

用電話天南地北地閒聊，

翻閱家具型錄，

泡咖啡，

去銀行匯錢，

搭電車前往他處。

無論做什麼，都好快樂。

每天都抱著像野餐一樣的愉快心情。

人生是一場野餐。

為發生的事賦予意義的是你自己。

山﨑拓巳改變人生的
8個魔法關鍵字

▷ —————————————

Let's
go to another
world !

01.HAPPY 快樂

「快樂」是心中描繪的願景與現實的邂逅。

作為一個目標，它是「積極」的⋯⋯
作為一份禮物，它是「被動」的⋯⋯
透過「積極的被動」而獲得的⋯⋯就是「快樂」。

當你心中嚮往的樣貌與現實重疊的瞬間，
「快樂」就會出現。

請「積極」地選擇現實情境。
快樂的種子早被賦予在生命中，
你只須「被動」地等待它們萌芽⋯⋯

只要鮮明地描繪出未來的願景，
快樂種子的反應就會變得更積極。
「積極」與「被動」⋯⋯這兩者的複合體就是「快樂」，
缺一不可。

快樂的種子其實散落在你的身邊。

02.DREAM 夢想

「夢想」永遠都在自己心中。

我所憧憬的人……
是住在我心中「帥氣的自己」。
雖然我不知道他在一般人眼中算不算「帥氣」，
但在我的心中卻是最完美的存在。

他在我心中編織出的故事……就是我的「夢想」。

不論是寫書的時候、
畫畫的時候，
或是拍照的時候，
我都是以他為對象來表現的。
就算得不到任何人的稱讚也沒關係，
我只希望能聽到他說「你畫得很好嘛」
「你拍的照片很棒呢」。

此時此刻，

我也正在一步一步接近住在我心中的他

——「夢想」。

03.FRIEND 朋友

「朋友」的原點就是尊敬的心。

朋友是「夥伴」，也是「鏡子」。

因為互相吸引，所以才能成為朋友！
契合的地方很多，
但又有一點不同。

他能看見我看不見的東西，
我能聽見他聽不見的東西，
觀點、想法的差異，就是合作的源頭。
夥伴是偉大的。

⋯⋯同時，朋友也是「映照出自己的鏡子」。
假如我在朋友身上感受到某種討厭的特質，
那種特質一定也存在於我自己身上。
假如我在朋友身上感受到某種美好的特質，
我一定也在不知不覺中擁有那項特質。

一切都因為相逢而開始⋯⋯

透過未來即將遇見的「朋友」，

我也將遇見新的自己。

04.TRAVEL 旅行

「旅行」是「構築的場所」。

物理性地從日常移動到非日常之中，
我的心就會開始對每一件事物產生反應。
走進內心的時間以及構築自我的空間，
就是「旅行」。

心會主動告訴我許許多多的事，
帶來最適合此刻的自己的建議。
心會告訴我什麼呢……不去旅行一趟便無法得知。

前往一個不管去幾次都不會變的地方，也非常有趣，
因為那個一如往常的地方，看起來會變得不同。
有時會看不見本來看得見的東西，
有時會看見本來沒看見的東西。

我在「不變的地方」

確認「逐漸改變的自己」。

05.ART 藝術

「藝術」是「時代」與「歷史」的記號。

過去的我，曾經對「藝術」無感，
或許是因為學生時代的美術課在我心中留下了陰影。
我幾乎從不曾被誇獎過，自卑感總是占優勢。
然而從某一個時間點開始，這個情形出現了重大的轉變。

我開始感受到，所謂的藝術，並不是為了達成義務或課題而
刻意創造出的東西，而是在日常生活中誕生的、充滿人性的
東西。那並非「寫實」，而是「精心雕琢」出來的。

我開始感受到，藝術並不是一種遙遠的存在，
「生活中的一切都是藝術！」

活著是一種極具創造性的事，活著本身就令人感動。
活著的喜悅與重拾的感性，為「理所當然的每一天」帶來光
芒，並且創造出許多非日常的瞬間。

並非為了某個人
或為了某件事物，而是為了自己……開始吧。

這些行為，

將在「時代」與「自己的歷史」做上記號。

06.STUDY 學習

「學習」的原點是「輪迴」。

輪迴……人類會不停轉生，
而在這樣的連結中，隱藏著一種學習系統。
活著就是學習。

我們的心會對偶然發生的現象有所反應，
感動、喜悅、痛苦、迷惘……一切都是有意義的。

「為什麼事情會變成這樣呢……」即使是這種負面的事情，
「這件事原來是有意義的啊……」只要站在這個角度來看，
就能有所發現。

「目的」是發現與學習的觸媒。
設定好自己的目標的人，
能夠接受一切，並以極快的速度消化它。

最良善的事，每一瞬間都在眼前發生，
你要接收什麼樣的訊息呢？
這也是生活的智慧。

一切事情的發生，

都是讓我們有所學習的訊息。

07.ENERGY 能量

和萬物相連吧！

閉上雙眼，豎起耳朵。

遠遠傳來的海浪聲、行星轉動的聲音⋯⋯
地球背面的天空的顏色、未來的自己⋯⋯

本應聽不見的聲音⋯⋯
本應看不見的景色⋯⋯

透過感受⋯⋯人便能和萬物相連。

那一瞬間，「能量」會自己滿溢。

那不是我們能給別人的，也不是別人能給我們的，
把你的心和身體託付給宇宙吧。
所謂的放鬆，就是把意識從「分離」轉向「整合」。

當心和身體放鬆時，能量就會如泉水般湧現。

08.GENTLE 溫柔

❶它源於「將一個人打造成最好的模樣」。

不是去「控制」，而是去思考那個人「應該呈現的模樣」……
父母是子女的「製作人」，主管是屬下的「製作人」，我是
朋友的「製作人」……
即使是在有時必須做出嚴格要求的工作場景之下，
也要抱著「我的責任就是讓世界看見這個人！」的心情來與
對方相處。

打造那個人！

唯有在這個時候，才會散發出真正的「溫柔」光芒。

❷它源於「勇氣」。

「溫柔」的反義詞是「冷漠」；
「冷漠」的原因是「厭惡」。
……只要剔除「厭惡」，「溫柔」就會出現。

倘若遇見了「厭惡」，就請直視對方的心吧！
只要偏斜一點點，激烈的厭惡風暴就會開始對你展開攻擊。

拿出勇氣直視對方，厭惡感就會消失，

你的心中將會充滿清爽的溫柔情緒。

從 1998 年出版《人生是一場野餐》到現在出版這本《把人生當作一場野餐吧》的 2 年之間，我已經屢次確信「夢想一定會實現……人生可以處處充滿驚奇」。

起初，我只是不經意地認為「人生就像野餐一樣！」但現在我則認為「何止如此！人生是一場美妙的野餐！」因為寫了《人生是一場野餐》之後，讓我在不知不覺中將原本就在我心裡的成功法則變得更具體了。

例如，1999 年我在紐約的 Soho 區舉辦的個展，也是利用「讓夢想實現的 49 個魔法」才實現的。當我產生變化後（夢想已經實現後），一開始行動，事情就像受到什麼指引似地，一個接著一個順利發展下去。

我們遇到的事情並沒有正面或負面的意義，只是單純存在於那裡而已。「拋開既定想法的束縛後，我們會賦予它們什麼意義」，正是「決定性的關鍵」。請賦予每一個瞬間光芒，具體展開的人生極為美妙。

讀完這本書後，魔法就會開始生效。
請利用你的智慧，將這些魔法應用在每一天裡。

你想成為特別的存在，想過和別人不一樣的生活，
但是無可救藥的個性，始終是個絆腳石……
如果你開始討厭自己了，學著讓自己改頭換面吧！

對「現在的自己」感到厭煩→從目錄找改變方法
◎機會上門時，很難坦率地接受
→P71產生應該退卻的念頭時，唸誦「好事乍然而現」的咒語。
◎遭遇失敗時，總是焦慮不安
→P95承認自己的失誤，然後開始面對新的現實。
◎不知道該怎麼表達難以啟齒的事情
→P108從現在的心理狀態開始講起，之後的說話過程就會很流暢。
◎很害怕獨處的時光
→P226不再依靠手機或電視的垃圾情報，學著和自己對話。
◎不會享受眼前該做的事情
→P170找出「單純作業」和「非常喜歡的事情」之間的共通點。
◎對自己很沒自信
→P240有自信的人往往抬頭挺胸，只要改變表情或身體姿勢，心情也會跟著改變。

國家圖書館出版品預行編目資料

把人生當作一場野餐吧 / 山崎拓巳◎圖・文；周若
珍譯. ──初版──臺北市：大田，2018.02

面；公分 . ──（Creative：126）

ISBN 978-986-179-517-1（平裝）

1. 人生哲學 2. 生活指導

191.9   106022454

Creative 126

....

把人生當作一場野餐吧

山崎拓巳◎圖・文

周若珍◎譯

出版者：大田出版有限公司
台北市 10445 中山北路二段 26 巷 2 號 2 樓
E-mail：titan3@ms22.hinet.net　http：//www.titan3.com.tw
編輯部專線：（02）2562-1383　傳眞：（02）2581-8761
【如果您對本書或本出版公司有任何意見，歡迎來電】

總編輯：莊培園
副總編輯：蔡鳳儀　執行編輯：陳顗如
美術設計：賴維明
行銷企劃：古家瑄 / 董芸
法律顧問：陳思成
初版：2018 年 02 月 10 日 定價：250 元
國際書碼：978-986-179-517-1 CIP：191.9/106022454

總經銷：知己圖書股份有限公司
106 台北市大安區辛亥路一段 30 號 9 樓
TEL：02-23672044 / 23672047 FAX：02-23635741
407 台中市西屯區工業 30 路 1 號 1 樓
TEL：04-23595819 FAX：04-23595493
E-mail：service@morningstar.com.tw
網路書店 http://www.morningstar.com.tw
讀者專線 04-23595819＃230
郵政劃撥：15060393（知己圖書股份有限公司）
印刷：上好印刷股份有限公司

JINSEI HA KANARI PICNIC by Takumi Yamazaki
©2000 Takumi Yamazaki
All rights reserved.
First published in Japan in 2000 by Sanctuary Publishing Inc.
Complex Chinese Character translation rights © 2018 by Titan Publishing Co., Ltd. under the license from Sanctuary
Publishing Inc. through Haii AS International Co., Ltd.